AF562161

RÉPONSE

DE M.

F. DE LESSEPS

AU MINISTÈRE

ET

AU CONSEIL D'ÉTAT

DE L'IMPRIMERIE DE CRAPELET
RUE DE VAUGIRARD, 9

RÉPONSE

DE M.

F. DE LESSEPS

AU MINISTÈRE

ET

AU CONSEIL D'ÉTAT

AOUT 1849

PARIS : AMYOT, RUE DE LA PAIX

1849

RÉPONSE AU MINISTÈRE

ET

AU CONSEIL D'ÉTAT.

I.

RÉPONSE AU MINISTÈRE.

« Je ne connais pas de gouvernement sérieux et honorable « qui ne couvre complétement ses agents, qui permette qu'on « les attaque sans les couvrir de l'égide de sa responsabilité « jusqu'à l'examen des faits. » (Extrait d'un discours prononcé par M. Drouyn de Lhuys, ministre des affaires étrangères, dans la séance de l'Assemblée nationale du 7 mai. — (Voir le *Moniteur* du 8 mai, page 1707.)

« La justice est si sacrée, elle semble si nécessaire au succès « des affaires, que ceux-là même qui la foulent aux pieds pré- « tendent n'agir que d'après ses principes. »

(CHATEAUBRIAND.)

Le ministère qui m'avait confié, dans des circonstances fort critiques pour son existence, une mission hérissée de difficultés, et qui, une fois le péril personnel passé, m'avait si facilement abandonné, sans daigner examiner lui-même mes actes, avait non-seulement permis qu'on m'attaquât, mais encore m'avait publiquement attaqué du haut de la tribune nationale pendant que je gardais un silence complet et avant que le Conseil d'État, *chargé de l'examen de ma conduite*, eût été en mesure de commencer son travail. J'avais tardivement usé du droit de la défense, ainsi que je l'ai expliqué dans l'avant-propos de mon Mémoire ; je l'avais fait avec réserve, modération et sincérité, comme il convient à un homme qui, par respect de lui-même et de l'opinion publique, ne veut pas imiter ses adversaires. Mais l'on a trouvé que la liberté que j'avais prise était encore trop grande, on a taxé mon indépendance d'indiscipline, et comme le simple récit des faits mettait à nu la politique sous laquelle j'avais eu la mauvaise grâce de ne pas me laisser écraser, on m'a porté de nouveaux coups, *toujours avant l'examen des faits*, dans les séances de l'Assemblée législative du 6 et du 7 de ce mois.

Je vais répondre en peu de mots aux dernières allégations du ministère, je m'occuperai ensuite de l'*examen* fait par le Conseil d'État et de son *rapport*, dont, par une nouvelle singularité de cette affaire, je n'ai eu connaissance que par le *Moniteur* du 22 août.

M. le ministre des affaires étrangères actuel, qui est d'ailleurs tout à fait étranger à mon rappel et à l'ordre d'entrer à Rome de vive force, a fait usage, dans la séance du 6 de ce mois, d'une lettre confidentielle dont je n'avais pas même eu le temps de conserver la copie et contenant des détails intimes et confiants adressés à son prédécesseur, M. Drouyn de Lhuys, que je regardais comme un ami. Cette lettre, dont le commencement seulement se rapportait aux circonstances de ma négociation avec les Romains, contenait sur M. Mazzini une opinion que mon retour à Rome, le 31 mai, et une connaissance plus exacte des personnes avaient dû me faire un devoir d'honneur de rectifier, surtout après la chute politique du triumvir. M. le ministre des affaires étrangères a semblé présenter cette opinion comme une des causes qui avaient pu engager le gouvernement de la République française à recourir à la voie des armes pour détruire la République Romaine et soustraire les populations que nous voulions protéger au joug d'une faction étrangère.

La citation des dates suffira pour faire tomber la supposition de M. le ministre. Ma lettre confidentielle du 25 mai, partie de Civita-Vecchia le 27, n'était pas encore arrivée à Paris le 29, c'est-à-dire le jour où le cabinet se croyant délivré de ses engagements envers l'Assemblée constituante et ne tenant plus compte de la politique qu'il m'avait ordonné de suivre pour *le sauver d'une mise en accusation sérieuse* [1] n'a pas hésité à me rappeler

[1] Ces paroles m'ont été dites par M. le président du conseil lui-même, dans la conversation que j'eus avec lui le 8 mai, au mo-

et à faire attaquer Rome, avant même de connaître le résultat de mes négociations.

Dans la séance du 7 août, M. de Falloux est allé plus loin que M. de Tocqueville, et, m'attaquant personnellement, il a cherché, à l'aide des citations faites la veille par ce dernier, à inspirer des doutes sur la confiance que méritaient mes constantes informations sur la nature de la résistance de Rome défendue par plus de 25,000 combattants sérieux contre l'ar-

ment de mon départ. Elles étaient dans le vrai de la situation, ainsi que peuvent se le rappeler tous les anciens membres de l'Assemblée constituante. Que serait-il arrivé à Paris, et où en serait aujourd'hui le ministère, si je n'avais pas pu parvenir à arrêter les hostilités pendant le temps que l'on m'accuse maintenant d'avoir perdu en pourparlers sans résultat? Qu'eût produit la nouvelle d'un conflit sanglant sous les murs de Rome, non suivi d'un succès immédiat, survenant au milieu du mouvement des élections générales, et lorsque l'Assemblée constituante siégeait encore? Tout mon crime a été de n'avoir pas *voulu* deviner qu'il pouvait être de l'intérêt d'un agent *habile* de changer subitement de langage; mais j'ai eu du moins la loyauté de faire connaître mon invariable manière de voir au ministre, lorsque je lui écrivais le 22 mai : que s'il se décidait à faire faire le siége de Rome coûte que coûte, je n'y prêterais jamais les mains, et que si ses intentions n'étaient pas telles que je m'étais cru autorisé à les interpréter, je le priais de me rappeler. Je le priais en outre de me faire savoir, par un simple *oui* ou par un *non*, et par le télégraphe, si j'étais d'accord avec lui. (Voir page 113 de mon mémoire.) *On m'a laissé sans un seul mot d'instructions ou de réponse depuis le 10 mai jusqu'au 1er juin!* Le rapport du Conseil d'État n'a tenu aucun compte de cette *circonstance* si importante pour l'appréciation de ma conduite. Il la regarde peut-être comme *étrangère* à la question.

mée française [1]. Ce chiffre que j'avais indiqué, dès le 15 mai, le jour même de mon arrivée, malgré tous les renseignements exagérés en plus ou en moins, a été constaté par le général Oudinot, après son entrée à Rome. Le *Giornale di Roma*, la seule feuille publique que le régime de liberté proclamé par notre intervention nous ait

[1] Ce fait important de la résistance de la population romaine et de l'existence d'une force considérable, qui nous obligeait à fortifier notre armée et à faire un siége en règle, n'était pas généralement connu à Paris lors de mon départ. Une nouvelle aussi imprévue renversait tout le système que la séance du 7 mai avait commencé à ébranler; je prévoyais bien que certains membres du gouvernement, qui avaient reçu des avis contraires, ne l'apprendraient pas avec plaisir, et que leur influence pourrait nuire à l'accomplissement de ma mission; mais mon devoir était d'écrire la vérité, dût-on la trouver désagréable et dût-on renoncer au bénéfice de la politique habile dont on recueille aujourd'hui les fruits. Dans le Manuel diplomatique de Martens, que le Conseil d'État fera peut-être bien de faire entrer dans sa bibliothèque, pour se préparer aux nouveaux examens qui pourront lui être déférés par le ministère des affaires étrangères, se trouve le passage suivant:

« C'est une circonstance fâcheuse, pour l'agent diplomatique, « que celle d'être obligé de mander des nouvelles désagréables; « c'est cependant un devoir si *essentiel* de sa charge, qu'il ne « peut s'en dispenser sans agir contre le but principal de sa mis- « sion, qui n'est point de tromper ni de flatter son maître, mais « de l'éclairer. Il doit même ne rien altérer dans les paroles ou « dans les faits qu'il rapporte, dans l'intention d'atténuer l'effet « qu'il croit que sa relation produira sur l'esprit de son maître. Il « doit être *vrai* dans tout ce qu'il écrit, et *nulle considération* ne « doit le porter à *cacher* quelque chose à sa cour; rien ne peut le « justifier s'il manque à ce premier devoir que lui imposent sa « charge et la confiance dont l'honore son souverain. »

permis de laisser paraître, a donné, postérieurement à notre conquête, le détail de tous les corps *romains* qui, pendant le siége, formaient le total de 25,000 hommes, sans compter toute la garde nationale. Parmi les défenseurs de Rome se trouvaient des aventuriers étrangers en petite minorité ; entre ces derniers, il y avait des hommes que j'avais qualifiés, non dans une dépêche, mais dans un billet particulier au général Vaillant, en date du 30 mai, *de crème du mauvais socialisme*, mais je n'ai jamais appliqué une pareille expression aux Romains ou aux Italiens non romains qui défendaient la cause de l'indépendance italienne, et je n'ai fait mention nulle part, comme l'a dit M. de Falloux, des soldats de Mazzini.

D'ailleurs, l'opinion que j'avais exprimée sur le compte du Triumvir, d'après les récits de personnes dont une surtout est de la connaissance intime de M. le ministre de l'instruction publique, n'établissait pas une contradiction avec mon avis sur la résistance de Rome et sur l'esprit qui, en général, y dominait. Si, plus tard, l'expérience a dû modifier ma manière de voir à l'égard de Mazzini, *aussi bien qu'à l'égard des ministres* qui m'avaient confié la mission déférée ensuite par eux à l'examen du Conseil d'État, je ne vois pas en quoi je puis être blâmé de n'avoir pas persévéré dans une appréciation inexacte. Comme personne n'est infaillible, il n'y a pas d'agent qui, sous l'empire des faits, ne se soit trouvé dans le cas de rectifier ses impressions, sans encourir pour cela le reproche de contradiction.

Quant à moi, je me garderai bien de renvoyer ce reproche à M. le ministre de l'instruction publique touchant sa participation dans la direction de la question romaine. Mais enfin, en s'abstenant de se prononcer *devant l'Assemblée constituante*, lorsque des membres du cabinet dont il faisait partie expliquaient le but de notre expédition, ne semblait-il pas adhérer, par le fait même de son silence, à une politique contraire à ses convictions et à la pensée de restauration cléricale qu'il tenait encore en réserve et qu'il a eu plus tard *la franchise* de développer avec tant de talent *devant l'Assemblée législative?*

II.

COMPARUTION DEVANT LE CONSEIL D'ÉTAT.

M. le président du Conseil d'État auquel j'avais écrit, le 9 juillet, pour réclamer l'exécution du décret du 9 juin, qui déférait au Conseil l'examen de mes actes, m'écrivit, le 20, que la section de législation était prête à instruire l'affaire et m'engagea à présenter mon mémoire. J'avais prévenu à l'avance M. Vivien que je me disposais à le faire imprimer et distribuer, me réservant de le publier lorsque le rapport du Conseil aurait été rendu public.

M. Boulay de la Meurthe m'annonça en outre, le 28, que la section de législation se réunirait, le 30, pour entendre mes explications verbales. La séance s'ouvrit à midi. Lorsque M. le président en eut expliqué le but, je lui demandai, avant d'entrer en matière, de vouloir bien me dire si le ministère avait fait connaître les motifs pour lesquels il avait cru devoir charger le Conseil d'État de l'examen de ma mission, et s'il avait articulé une accusation quelconque dont j'eusse à me justifier. J'avais cru que l'article 99 de la Constitution, adopté en vertu du principe de la responsabilité des fonctionnaires, n'avait pu motiver le décret du 9 juin que, par l'existence présumée d'un fait déterminé capable de me faire encourir un cas de responsabilité échappant à mon juge naturel le ministre des affaires étrangères. Je concevais alors la compétence du Conseil d'État, et quoique les formes de sa juridiction ne fussent pas définies, je m'y soumettais avec empressement et confiance, dans le but de faire publiquement justice de toutes les calomnies répandues sur mon compte, et persuadé que mes seules explications suffiraient pour établir que les mobiles de ma conduite étaient à l'abri de tout reproche.

Il me fut répondu que le Conseil d'État n'avait pas été appelé à se prononcer sur une allégation de griefs ; qu'il était simplement chargé de se livrer à un examen de mes actes ; qu'il n'était pas érigé en tribunal; qu'il n'y avait dans mon affaire ni accusation, ni accusé. Je n'insistai pas davantage et je me bornai à faire observer que du moment où le ministre des affaires étrangères n'avait articulé aucun fait précis de nature à engager la responsabilité de son agent devant un tribunal, il me paraissait étrange qu'il eût eu recours au Conseil d'État pour décider si j'avais bien ou mal rempli ma mission. Sans manquer aux égards que méritent messieurs les Conseillers d'État, on peut émettre l'opinion qu'ils ne sont pas aptes à connaître d'une négociation diplomatique, surtout lorsqu'ils n'admettent ni audition de témoins, ni débats contradictoires, et qu'ils ne tiennent aucun compte de ce qu'ils ont appelé, dans leur rapport, *des circonstances étrangères ou des commentaires extérieurs*.

Cet incident vidé, M. le Président donna lecture des instructions qui me furent remises le 8 mai, par M. Drouyn de Lhuys. M. Vivien et moi, nous fîmes remarquer à peu près en même temps qu'il y avait dans la copie communiquée par le ministère, une phrase qui ne se trouvait pas dans les instructions imprimées à la page 17 de mon mémoire. Pour faire mieux ressortir l'importance de cette phrase, je vais la transcrire *en italique* au milieu du paragraphe dans lequel elle avait été intercalée.

« Tout ce qui, en prévenant le développement « de l'intervention exercée par d'autres puissan- « ces animées de sentiments moins modérés lais- « sera plus de place à notre influence particulière « et directe, *tout ce qui hâtera la fin d'un régime « condamné à périr par la force des choses*, aura « pour effet naturel de rendre plus facile à attein- « dre le but que je viens de vous indiquer. Vous « devrez donc mettre tous vos soins à amener le « plus promptement possible un tel résul- « tat, etc. »

Je m'empressai de communiquer au Conseil,

l'original de mes instructions signé par M. Drouyn de Lhuys ; MM. les membres de la section de législation sous les yeux desquels il passa acquirent la conviction que cette phrase n'y existait pas[1].

Voici l'explication que j'ai entendu donner plus tard à un fait aussi étrange. Une première rédaction de mes instructions n'aurait pas convenu à M. Drouyn de Lhuys ; et ce serait sur un second projet approuvé cette fois par le ministre, qu'aurait été faite l'expédition remise entre mes mains le 8 mai ; mais le document en-

[1] A la suite de l'audience du Conseil d'État, j'écrivis la lettre suivante à M. le président Boulay de la Meurthe :

« Paris, 31 juillet 1849.

« M. le Président, en sortant hier du Conseil d'État, je me « suis rendu au ministère des affaires étrangères, et je me suis « assuré auprès de M. de Viel-Castel, directeur des travaux poli- « tiques, que la minute de la dépêche ministérielle du 8 mai, con- « tenant les instructions relatives à ma mission à Rome, était « entièrement conforme à l'expédition qui me fut remise à mon « départ de Paris, et que j'ai fait passer sous les yeux de mes- « sieurs les membres de la section de législation. Je vous prie de « vouloir bien faire connaître ce fait à messieurs les Conseillers, « qui apprécieront la circonstance de l'adjonction d'une phrase « importante dans la copie certifiée et communiquée par le minis- « tère. Cette phrase était à mes yeux fort concluante, parce qu'elle « pouvait à elle seule servir de base au système qui avait pour but « d'établir une contradiction entre mes instructions et ma conduite.

« La copie exacte de mes instructions se trouve à la page 17 « de mon Mémoire.

« Veuillez agréer, etc.

« Signé : Ferd. DE LESSEPS. »

voyé au Conseil d'État, aurait été copié d'après la minute non adoptée, et ce serait à cette circonstance qu'il faudrait attribuer une erreur si contraire à ma défense et si favorable au système ministériel du blâme.

S'il en est ainsi, il demeure bien avéré que M. Drouyn de Lhuys acceptant, le 8 mai, le vote de la veille, n'a pas cru pouvoir laisser passer dans les instructions qu'il me donnait, à la suite et en conséquence de ce vote, une phrase devenue inadmissible depuis que l'affaire du 30 avril avait révélé de la part des Romains une résistance à laquelle on ne s'attendait pas. Et avant tout, ce vote imposant au ministère l'obligation de ne pas faire détruire par nos armes la République romaine, il avait compris qu'il ne pouvait plus me recommander de *mettre tous mes soins pour hâter la fin d'un régime destiné à périr*. Dans le cas où l'on aurait eu cette pensée avant le 7 mai, on avait dû nécessairement y renoncer le 8, et si plus tard on y est revenu spontanément, qu'il soit bien constaté, une fois pour toutes, que la politique qui en est la conséquence, et dont les résultats montreront la valeur, n'a le droit de faire peser sur moi aucune espèce de responsabilité.

M. le président du Conseil d'État m'invita à expliquer mes divers projets d'arrangements et la convention provisoire du 31 mai qui stipulait la clause de ratification de la part du gouvernement de la République. Mon mémoire mentionne déjà fort en détail toutes les circonstances de ma *mission de quinze jours, dont la première semaine seulement s'est passée à Rome, et la seconde au quartier général;* il a dû faire justice des reproches de lenteur, de perte de temps et de facilités accordées aux défenseurs de Rome, reproches produits à la tribune par M. Odilon Barrot au commencement de juin et répétés deux mois après par M. de Falloux sur la foi des lettres de M. de Corcelles. Et ici je m'étonne que M. de Corcelles n'ait trouvé rien de mieux à faire à son arrivée à Civita-Vecchia, où il s'est établi jusqu'à la fin du siége, que de jeter un blâme sur la conduite de son prédécesseur et de lui attribuer faussement la plus grande part dans la résistance des Romains. S'il se fût rendu à Rome et s'il eût consulté des gens impartiaux, il aurait su que la période qui offrait à la population romaine les meilleures chances de défense était antérieure de très-peu de jours au commencement de ma mission; que mes négociations ont, au contraire, été la cause d'une diminution dans l'énergie de la résistance, et que le temps gagné était favorable à la politique de guerre, puisque l'effectif de nos forces et le matériel de siége étaient encore insuffisants. Le ministère le sentait si bien lui-même qu'il écrivait *le* 10 *mai* par le télégraphe au général Oudinot : *On vous envoie des renforts, attendez-les*. Or, ces renforts n'étaient pas encore tous arrivés à la fin de ma mission.

Dans mes réponses à un interrogatoire qui a duré quatre heures, je me suis attaché à faire ressortir les principaux faits développés dans mon mémoire et dont aucun n'a été ni ne pouvait être contesté. J'ai démontré avec quelle impartialité j'avais jugé la situation intérieure de Rome, dégagé que j'étais de toute préoccupation politique et de toute influence. En effet, me trouvant à Paris depuis très-peu de jours après mon retour de Madrid, et destiné à la légation de Berne, je n'aurais pas accepté la mission temporaire qui m'était offerte pour l'Italie si je n'avais pas eu un but bien défini, et s'il m'eût fallu aborder tout d'un coup des questions auxquelles je n'aurais pas eu le temps de me préparer, comme le prétend M. le rapporteur. Il ne s'agissait d'abord pour moi que de chercher à empêcher un renouvellement d'hostilités entre l'armée française et les Romains, et d'éviter la reproduction d'un malentendu semblable à celui du 30 avril, qui avait causé tant d'émotion en France. Faire suspendre de part et d'autre les démonstrations hostiles ; — m'opposer, en attendant des ordres contraires, à une collision sanglante que ne voulaient *alors* ni le ministère ni l'Assemblée nationale ; — rendre compte des faits nouveaux qui s'étaient produits depuis le 30 avril ; — ne pas engager ni laisser engager mon gouvernement dans une voie définitive de guerre ou de paix avant qu'il eût eu le temps d'être informé et de se décider ; — ne pas reconnaître, *mais ne pas détruire par nos armes la République romaine :* tels étaient les points sur lesquels mon attention s'était fixée en partant de Paris.

Ainsi que je l'ai déclaré au Conseil d'État, la pensée du gouvernement était alors si contraire à l'attaque de Rome par nos troupes, et l'on recherchait avec tant d'empressement des moyens de conciliation, que M. Drouyn de Lhuys me mit lui-même en relations avec un envoyé de la République romaine, M. Accursi, membre de l'Assemblée constituante, qui venait de remplir à Rome, sous le triumvirat, les fonctions de ministre de l'intérieur. Il m'engagea à le faire voyager avec moi ; il fut convenu que nous nous donnerions rendez-vous à Toulon. M. Drouyn de Lhuys pensait que M. Accursi me serait utile pour faciliter mon entrée en négociations avec les autorités romaines et témoigner des bonnes dispositions de la France. Enfin, dans les derniers jours de ma mission, je reçus la visite d'un Italien qui m'était recommandé par un billet entièrement écrit de la main de M. Drouyn de Lhuys, par la raison, disait le billet, qu'il était ami de Mazzini et qu'il pouvait contribuer à faire réussir un arrangement.

Pour mettre le Conseil d'État au courant des impressions que j'avais reçues dans les premiers jours de mon arrivée à Rome et de la manière (bien justifiée aujourd'hui par les événements) dont je jugeai la situation, je lui fis part de quelques-unes des observations consignées dans les notes que je prenais chaque jour et qui servaient de point de départ à mes dépêches.

Je donnai lecture de ce qui suit :

Notes du 15 au 19 mai.

« La ville est en armes. — Des barricades et des moyens de défense partout. — La résistance sera générale. »

« Le consul anglais qui réside à Rome, depuis trente ans, me montre ses dépêches à lord Palmerston. Il me confirme dans cette opinion. »

« Le capitaine d'un bâtiment de guerre américain qui a visité tous les travaux a déclaré qu'il fallait au moins 30 à 40,000 hommes pour prendre Rome, après avoir fait un siége en règle. »

« Lord Napier et le capitaine du *Bull Dog* (steamer de guerre anglais), d'après ce qui m'est rapporté, ont exprimé à Rome la même opinion. »

« Il ne faut pas que la France, sous le prétexte de disputer à l'Autriche son influence en Italie, se charge de l'odieux du rôle qui était destiné à cette puissance par sa politique, ses tendances naturelles et ses intérêts. L'Autriche a toujours été beaucoup mieux informée que nous sur la valeur des opinions qui constituent la force des partis dans la Péninsule italienne. Elle connaît l'horreur, c'est le nom, qu'inspire aux Romains le gouvernement des prêtres, et elle nous verrait avec une grande satisfaction nous charger nous-mêmes d'une restauration qui est plus politique que religieuse, c'est-à-dire qu'elle est beaucoup plus désirée par l'absolutisme que par le catholicisme [1]. »

Note du 20 mai.

« Tout le monde est d'accord à Rome pour repousser l'administration cléricale.

[1] Depuis mon retour en France, j'ai lu dans une correspondance de Gaëte, rapportée par un journal étranger, ce passage : « Les Français ont commencé leur expédition dans un but opposé à l'opinion des conférences de Gaëte, et ils ont fort mécontenté le Saint-Père ; mais on a eu ensuite l'habileté de les engager dans une voie contraire, par l'amour-propre si vif et si peu réfléchi chez eux. Le 30 avril a puissamment servi, et, leur légèreté aidant, ils ont été jusqu'au bout. Ils s'en tireront difficilement, mais ils auront accompli plus vite et mieux que n'aurait pu le faire aucune puissance, l'œuvre de l'alliance étrangère. »

(*Heraldo de Madrid.*)

« Si nous voulons occuper Rome par la force, avant d'avoir obtenu du pape une déclaration explicite à ce sujet, nous n'aurons que des embarras. Il est certain que nos soldats triompheront de tous les obstacles matériels, mais ceci est la moindre des difficultés. Lorsque nous serons entrés à Rome, après avoir abattu la République, très-certainement le Saint-Père refusera d'y rentrer aux conditions qu'il nous conviendrait de lui imposer. De ce côté, il y a un principe absolu qui ne veut pas transiger. M. d'Harcourt en est convenu avec moi, dès sa première conférence. Il me disait qu'il renonçait à rien obtenir de Gaëte. De l'autre côté, il y a aussi, en sens contraire, un principe absolu. On ne subira que par la compression de nos forces un pouvoir ecclésiastique quelque tempéré qu'il soit. Il nous faudra maintenir une occupation permanente, tant pour conserver la restauration que nos armes auront implantée, que pour contenir les manifestations de l'opinion qui de jour en jour deviendra plus hostile au pouvoir temporel.

« Nous finirons donc par perdre notre influence sur tous les partis, c'est-à-dire par marcher au but diamétralement contraire à celui qui avait motivé notre expédition. Nos efforts et nos dépenses n'auront servi qu'à réunir contre nous, toutes les passions italiennes. Le parti intermédiaire, modéré, juste-milieu, conservateur, comme on voudra l'appeler, n'existe pas. Je ne le vois en force ni dans le présent, ni dans l'avenir[1]. Quelques individualités, hommes de valeur personnelle (officiers sans troupes), prétendent bien le représenter, mais toute politique qui s'appuiera uniquement sur eux échouera. C'est ce que j'ai dit franchement au comte Mamiani, qui m'a été présenté par M. de Forbin Janson.

« J'ai commencé par lui demander s'il pouvait me servir à quelque chose, s'il avait des partisans assez nombreux ou assez braves, pour faire réussir la conciliation pour laquelle j'avais été envoyé. Il m'a répondu négativement, ajoutant que lui et les siens n'osaient rien faire et qu'ils n'avaient aucune chance de l'emporter par eux-mêmes. « Vous m'avouerez, lui répliquai-je, que « du moment où je cherche ce qui représente la « force de l'opinion publique, je ne puis pas la « trouver auprès de vous, qui déclarez vous-même « ne pouvoir m'être d'aucun secours. »

« M. Mamiani ne me parut pas satisfait de ma

[1] L'influence qu'aurait pu exercer ce parti au profit des idées constitutionnelles, était d'ailleurs complétement paralysée par l'absence de toute déclaration préalable de la part du Saint-Père; les libéraux qui l'auraient constitué n'avaient plus d'autre ressource que de s'abstenir ou de défendre, avec l'assemblée constituante romaine, les garanties que les conseillers de la cour de Gaëte refusaient à la France aussi bien qu'à eux-mêmes.

franchise, mais il ne contesta pas l'évidence du peu d'efficacité de son parti. M. de Forbin Janson assistait à notre entrevue. »

J'ai appris indirectement que, le lendemain de ma comparution au Conseil d'État, la section de législation avait appelé dans son sein MM. d'Harcourt, de Viel-Castel et de Forbin Janson. Leurs dépositions ne m'ont point été communiquées, mais il m'a été rapporté que M. d'Harcourt, prenant hautement les intérêts de la diplomatie qui serait rendue impossible si la conduite suivie à mon égard était érigée en principe, s'est exprimé sur mon compte de la manière la plus favorable, et s'est étonné que l'on pût songer à m'infliger un blâme pour des faits dont il avait été le témoin, et qu'il était mieux que personne en mesure d'apprécier, quoiqu'il n'eût pas toujours été d'accord avec moi. Le témoignage d'un homme aussi compétent était d'un grand poids. Cependant je ne sache pas qu'il ait été pris en considération par le Conseil d'État, et je vois que le rapport n'en fait aucune mention.

III.

RÉPONSE AU RAPPORT DU CONSEIL D'ÉTAT.

« Je suis bon Français, je l'ai prouvé, je le prouverai « encore en répétant que cette guerre est impolitique, « dangereuse..... » (Réponse du duc de Vicence à l'Empereur, qui blâmait ses observations sur les périls de la campagne de Russie.)

La théorie de l'*infaillibilité des instructions*, inaugurée par le rapport du Conseil d'État, renverse toutes les idées reçues en diplomatie, fait d'un agent en mission un automate sans aucune initiative, et le rive à une chaîne qui ne lui permettrait d'exécuter aucun mouvement dans toutes les circonstances qui n'auraient pas été prévues ou littéralement expliquées par son gouvernement.

Dans le cas qui me concerne, je persiste à soutenir, malgré l'avis du Conseil, que je n'ai contrevenu ni à la *lettre* ni à l'*esprit* de mes instructions, mais, avant de chercher à le prouver en relevant les erreurs fondamentales du rapport, je dois commencer par défendre les vrais principes en opposant une autorité respectable à la doctrine émise dans le paragraphe suivant :

« Les instructions d'un agent du gouvernement ne peuvent jamais être atténuées, étendues, modifiées à l'aide de *circonstances étrangères* ou de *commentaires extérieurs* qui n'en font point partie; toutes les règles de la hiérarchie et de la responsabilité seraient confondues, si ce principe n'était pas rigoureusement suivi, et le Conseil d'État manquerait à son devoir s'il ne s'en montrait pas le sévère observateur. »

J'affirme à mon tour qu'une telle doctrine est essentiellement contraire à tous les principes et à tous les usages de la diplomatie. M. Drouyn de Lhuys lui-même n'en jugeait sans doute pas autrement lorsqu'il me disait dans la dépêche du 8 mai : « Pour rendre vos instructions plus pré-« cises, plus détaillées, il faudrait avoir sur ce « qui s'est passé dans les États romains des in-« formations qui nous manquent. Votre juge-« ment droit et éclairé vous inspirera SUIVANT « LES CIRCONSTANCES [1]. »

Après avoir entendu M. Vivien, laissons parler Martens, l'auteur du *Manuel diplomatique* (vol. I, page 131) : « Lors même que la conduite que doit tenir l'agent diplomatique et la marche qu'il doit suivre se trouvent tracées dans ses instructions, et que son devoir l'oblige à s'y conformer, il est cependant des cas où les ordres qu'il a reçus sont tels, que leur exécution produi-

[1] Voir page 19 de mon mémoire.

rait un effet opposé aux vues de son souverain et que les suites seraient évidemment contraires aux intérêts de son pays. En pareil cas et dans la supposition que l'agent diplomatique, bien pénétré du but de sa commission, aurait la conviction intime qu'en obéissant aux ordres reçus, il s'écarterait de ce but, il *pourrait* et il *devrait* peut-être même prendre sur lui d'*en suspendre l'exécution*, en s'empressant d'en instruire sa cour et en justifiant sa conduite en la motivant.

« Ce ne sont, au surplus, ni les concessions que peut faire l'agent diplomatique ni l'exigence qu'il peut montrer et dont il trouve la mesure dans ses instructions qui prononcent sur sa responsabilité ; *le mieux* dans ce qui était *possible* entre essentiellement dans ses devoirs. »

M. le rapporteur du Conseil d'État déclare que *la lettre de mes instructions doit être la seule base de l'examen de ma conduite,* et, tout en me reprochant de les avoir interprétées, elles lui paraissent si peu claires lorsqu'elles n'ont pas la lumière *des commentaires extérieurs* qu'il est obligé de les faire précéder d'un préambule sur les intentions politiques *attribuées par lui* au gouvernement, et qu'il est réduit à les commenter, à en choisir des extraits, et à les refaire, pour ainsi dire, afin d'en tirer, *suivant sa manière de voir,* un sens positif. Comment, on ose me blâmer pour avoir invoqué les débats du 7 mai, pour avoir regardé comme sérieux et obligatoires les engagements solennels contractés par le gouvernement avec la majorité d'une Assemblée souveraine! Mais si le ministre des affaires étrangères avait eu alors une arrière-pensée, ce que je ne lui fais pas l'injure d'admettre même aujourd'hui, étais-je homme à accepter en vue d'un misérable intérêt personnel, une mission qui aurait eu pour but de faire précisément le contraire de ce que mon pays pouvait attendre de moi, d'après les déclarations publiques faites à la tribune. Mes instructions *m'autorisaient textuellement à m'inspirer des* CIRCONSTANCES, comment prétendre qu'elles me renfermaient dans le cercle infranchissable de la dépêche du 8 mai! Et ce qui m'a été dit par M. Drouyn de Lhuys, par M. Odilon Barrot, par M. le président de la République, n'est-ce donc compté pour rien! Le discours de M. le président du conseil annonçant, le 9 mai, à l'Assemblée constituante, mon départ et l'objet de ma mission conforme au vote du 7 mai, reste-t-il sans aucune valeur aux yeux du Conseil d'État! Il faudrait alors, d'après le même système, effacer du *Moniteur* les paroles suivantes de M. le ministre des affaires étrangères, prononcées dans la séance du 22 mai :

« Quant à l'expédition romaine, elle a été l'objet de deux discussions. La dernière est d'une date récente. Le gouvernement a fait connaître le but de l'expédition ; l'Assemblée a fait entendre sa voix, elle a fait connaître sa volonté. Un agent a été immédiatement envoyé à Rome et au quartier général ; *il a emporté pour* INSTRUCTIONS *le compte rendu des débats de cette Assemblée et il a été chargé d'y conformer ses actes.* »

Ainsi, même en ne tenant pas compte des principes incontestables que j'ai rappelés plus haut, il serait bien reconnu, par la déclaration officielle du ministre signataire de la dépêche du 8 mai, contenant *la lettre* de *mes instructions*, que cette *lettre* ne devait pas être ma seule règle de conduite, que le but de ma mission était indiqué subsidiairement par des *circonstances* étrangères, telles que celles qui se sont présentées dans le cours de ma mission à Rome, ou par des *commentaires extérieurs*, tels que les votes du 16 avril et du 7 mai et les engagements ministériels qui s'y rapportaient. Quels étaient ces engagements ? Je ne crois pas inutile d'en former un ensemble, afin de faire bien ressortir la différence existant entre la politique suivie sous l'Assemblée constituante et la politique du 29 mai, différence fort essentielle dans l'espèce et qui paraît avoir échappé à la perspicacité de M. le rapporteur du Conseil d'État :

Séance du 16 *avril.*

« Le protectorat de nos nationaux, le soin de maintenir notre influence en Italie, le désir de contribuer à garantir aux populations romaines un bon gouvernement fondé sur des institutions libérales, tout nous fait un devoir d'user de l'autorisation que vous nous avez accordée..... Ce que nous pouvons affirmer dès à présent, c'est que du fait de notre intervention sortiront d'efficaces garanties et pour les intérêts de notre pays, et pour la cause de la vraie liberté.

« La pensée du gouvernement n'est point de faire concourir la France au renversement de la République qui subsiste actuellement à Rome.

« La République française ne saurait, sans s'amoindrir, coopérer à l'asservissement d'une nationalité indépendante.

« Il importe à la France de faire flotter son drapeau en Italie, pour qu'à son ombre, l'humanité soit respectée et la liberté au moins partiellement sauvée.

« En occupant un point de l'Italie aujourd'hui menacé, l'Assemblée a donné pour mission au pouvoir exécutif de poser une limite aux prétentions de l'Autriche. »

Un membre de l'opposition interpellait M. le président du conseil, disant : « Vous allez rétablir le pape! —Non, non, » répondait M. Odilon Barrot. Le général Lamoricière s'écriait : « Vous allez faire ce que fait l'Autriche. —Nous serions coupables si nous le faisions, » répliquait M. le président du conseil.

Proclamation aux habitants de Civita-Vecchia.
(24 avril.)

« Le gouvernement de la République française toujours animé d'un esprit très-libéral, déclare vouloir respecter le vœu de la majorité des populations romaines . . . . . Il est de plus bien décidé *à ne vouloir imposer à ces populations aucune forme de gouvernement qui ne serait pas choisie par elles.* »

Proclamation (*rédigée par M. Drouyn de Lhuys*) *adressée aux habitants des États romains*, le 26 avril.

« Un corps d'armée française est débarqué sur votre territoire ; son but n'est point d'y exercer une influence oppressive, ni de vous imposer un gouvernement qui serait opposé à vos vœux.

« Accueillez-nous en frères; nous nous concerterons avec les *autorités existantes* pour que notre occupation momentanée ne vous impose aucune gêne, nous sauvegarderons l'honneur militaire de vos troupes en les associant partout aux nôtres pour assurer le maintien de l'ordre et de la liberté. »

Séance du 7 mai.

« On sait bien que la France ne peut être conduite en Italie que par les intérêts de la liberté ; on le sait bien !

« Il était bien entendu que nous ne devions marcher sur Rome que pour la préserver d'une intervention étrangère ou des excès d'une contre-révolution, en un mot, nous n'irions à Rome que comme protecteurs ou comme arbitres demandés.

« On oublie donc dans quelles conditions la marche sur Rome était autorisée? Je rappelle ces deux conditions : la première c'était de ne pas y rencontrer de résistance sérieuse ; la deuxième, c'est qu'on y serait appelé par le vœu des populations.

« Avons-nous donné pour instructions au général Oudinot d'attaquer la République romaine? Eh bien! ce sont là des questions de bonne foi, j'en appelle à tous ceux qui ont lu les instructions et je leur demande s'ils y trouvent une seule indication de ce genre. On dit que le général Oudinot a dû faire une sommation au gouvernement romain de se dessaisir de son pouvoir, je demande qu'on produise la preuve d'une pareille sommation, cette preuve n'existe pas. »

Séance du 9 juin.

« Je vous déclare que tant que j'aurai dans les mains une partie du pouvoir dans ce pays, les armes de la France n'auront pas servi à restaurer des abus impossibles.

« C'est dans ce sentiment, pour connaître avec précision, par le témoignage d'agents désintéressés, la vérité des faits, et c'est, en outre, pour porter sur le théâtre même de l'expédition l'expression fidèle, exacte, de la pensée de l'Assemblée et de celle du gouvernement, quant au but, quant au caractère que doit, jusqu'au bout et à travers toutes les éventualités, conserver l'expédition française, c'est pour cela que, par décision du cabinet, un envoyé qui a toute notre confiance, que vous avez éprouvé dans des circonstances difficiles, qui a toujours servi la cause de la liberté et de l'humanité, M. de Lesseps, a été envoyé. »

M. le rapporteur du Conseil d'État reconnaît que les débats de l'Assemblée nationale *n'infirment en rien les termes de mes instructions*, cependant il prétend que *je n'avais à m'occuper que de ce qui concernait l'entrée de nos troupes à Rome et des conventions spéciales propres à obtenir cette entrée.*

La prétendue nécessité de faire occuper Rome,

malgré l'opposition de l'Assemblée romaine, des autorités et de la population (ce qui équivalait à une déclaration de guerre), n'était pas même indiquée dans la lettre de mes instructions, et elle était en opposition avec les déclarations du ministère à la tribune. Quoi qu'il en soit, M. le rapporteur, prenant son point de départ dans son principe absolu de l'entrée à Rome, me renferme dans le cercle qu'il s'est plu à tracer et d'où, suivant lui, je ne pouvais pas sortir. Il lui était alors facile de me créer des griefs imaginaires que je crois superflu de réfuter ici après avoir publié mon mémoire, où des faits positifs et irrécusables renversent tout le système du blâme.

Le rapport trouve mauvais que mes premières propositions n'aient pas eu un résultat immédiat et qu'elles aient été soumises à des modifications. Puisque j'étais chargé de traiter et que dans toute négociation il y a plusieurs parties contractantes dont les intérêts sont ordinairement différents, je ne pouvais pas dès le début imposer ma volonté, je devais admettre des contre-projets, les discuter, et je pouvais être amené par la conviction ou par l'urgence des circonstances à faire des concessions.

M. le rapporteur me reproche de ne pas avoir suffisamment ménagé les susceptibilités de la cour de Gaëte. Cette question ne pouvait d'aucune manière, faute d'éléments suffisants, être appréciée exactement par le Conseil d'État, et certainement M. le ministre des affaires étrangères en la posant dans mes instructions, ne songeait pas à me fixer telle ou telle limite à laquelle la pensée de M. Vivien a pu s'arrêter. Les susceptibilités de Gaëte avaient été fort éveillées à notre égard par le principe de notre expédition faite sans que le Saint-Père en eût été préalablement averti ; par le maintien du drapeau tricolore italien que nous avons laissé flotter à Civita-Vecchia, à côté du nôtre, jusqu'après la prise de Rome; par les premières proclamations du général Oudinot; par le renvoi de Civita-Vecchia de trois commissaires qui avaient été chargés d'y représenter les intérêts du saint-siége, et par la dépêche télégraphique adressée le 10 mai au général Oudinot et commençant ainsi : « Faites dire aux Romains que nous ne « voulons pas nous joindre aux Napolitains con- « tre eux. » Cette dépêche fit crier à la trahison à Gaëte ainsi qu'à l'état-major du roi de Naples qui était déjà arrivé presqu'en vue de Rome et qui s'empressa de lever son camp pour ne s'arrêter que sur les frontières de son royaume. On voit que le principe même de ma mission, aggravé par des circonstances auxquelles j'étais personnellement fort étranger, était pour Gaëte une cause permanente de susceptibilités. Je ne pouvais absolument rien faire sans encourir quelque peu le reproche accueilli par le rapport du Conseil d'État, mais il me fallait bien en prendre mon parti, comme il paraît d'ailleurs que le gouvernement, éclairé par une triste expérience, commence à le prendre maintenant, s'il faut en croire les dernières correspondances de Rome.

Le rapport dit que j'ai contrevenu expressément à mes instructions.

1° En me prêtant à des actes qui donnaient aux autorités romaines une force morale;

2° En me mettant en désaccord avec MM. d'Harcourt et de Rayneval;

3° En faisant des arrangements qui n'étaient pas partiels, puisque je n'avais à m'occuper que de ce qui concernait l'entrée à Rome et des conventions spéciales propres à en obtenir l'entrée.

A cela je réponds :

1° Le Conseil d'État était-il en mesure d'apprécier jusqu'à quel point j'ai pu prêter par mes actes *une force morale* aux autorités romaines? Il ne pouvait pas plus se prononcer à ce sujet qu'à l'occasion de la question des susceptibilités de Gaëte. Pour ce qui me concerne, j'ai la conviction de n'avoir pas encouru un tel reproche, et les détails donnés dans mon Mémoire ont dû prouver suffisamment que je n'ai rien ajouté par moi-même à la force morale acquise aux autorités romaines à la faveur de la force matérielle dont elles disposaient, et de l'appui qu'elles recevaient des populations. Mais en définitive mes instructions ne m'autorisaient-elles pas, en toutes lettres, à me *consacrer exclusivement aux négociations et aux rapports à établir avec les autorités et les populations romaines, et à conclure des arrangements avec les hommes investis, en ce moment* (8 mai), *dans les États romains, de l'exercice du pouvoir.*

J'ai évité avec le plus grand soin de sortir de la ligne qui m'était tracée, et il est bien constaté que je n'ai pas reconnu la République romaine, dont le nom n'a été prononcé dans aucun de mes projets d'arrangement.

Il est de principe en diplomatie que les rapports entretenus par les puissances avec les *pouvoirs de fait* d'un pays étranger n'impliquent pas nécessairement la reconnaissance de ce pouvoir.

2° Mes instructions m'engageaient, à moins de circonstances urgentes, à me *concerter* avec MM. d'Harcourt et de Rayneval, mais elles ne m'obligeaient pas à être toujours et sur tous les points *d'accord* avec eux, ni à suivre absolument leurs avis si je les croyais contraires au but de ma mission différente de la leur. MM. d'Harcourt et de Rayneval, dont la compétence ne peut être niée, l'avaient ainsi compris eux-mêmes. Ils n'auraient eu le droit d'être exigeants envers moi que dans le cas où ils auraient obtenu du Saint-Père quelques déclarations libérales, et où tous leurs efforts, comme le prévoyait si bien M. d'Harcourt, n'auraient pas échoué contre les tendances réactionnaires de la cour de Gaëte, tendances qui n'ont pas même pu être modifiées aujourd'hui par le sacrifice de notre principe de politique nationale et par la plus aveugle soumission au principe contraire. Chacun de nous devait rendre compte de son opinion au gouvernement, qui avait à examiner, à décider en dernier ressort et à envoyer ses ordres. En effet, M. de Rayneval m'écrivait le 28 mai : « Vous en avez appelé au jugement suprême du gouvernement, il est juste d'attendre sa décision. »

M. le ministre des affaires étrangères n'en jugeait pas différemment; en effet, lorsque je lui demandai des explications sur le passage de mes instructions concernant le concert avec MM. d'Harcourt et de Rayneval, il me répondit : « Envoyez-leur des duplicata de vos dépêches [1]. »

3° J'ai déjà dit qu'il n'y avait pas dans mes instructions un seul mot qui m'engageât à m'occuper de *conventions spéciales propres à obtenir l'entrée à Rome*. Par conséquent suivant le sys-

[1] Voir page 20 de mon mémoire.

tème du rapport consistant à ne faire que ce qu'ordonnait expressément la *lettre* des instructions, je n'aurais pas dû proposer l'entrée de nos troupes à Rome ; néanmoins je l'ai fait plusieurs fois, et même à l'occasion de l'arrangement du 31 mai, qui mentionnait seulement les cantonnements extérieurs, j'ai indiqué dans mon mémoire comment nous aurions pu avoir, après la signature de l'arrangement, une position très-importante dans l'intérieur de la ville, et comment nous y aurions été appelés, dans un très-bref délai, par la population elle-même. Expressément autorisé par mes instructions à conclure avec les autorités romaines des arrangements *partiels*, je me suis très-religieusement abstenu de me saisir de la question principale concernant les relations du Saint-Père avec les Romains.

Le Conseil d'État me regarde comme exclusivement responsable des premiers projets d'arrangement proposés d'accord avec le général Oudinot, puisqu'il ne fait peser que sur moi seul les reproches qu'il leur adresse ; à cela je n'ai rien à objecter ; mais, pour être conséquent, on ne devrait pas me faire un grief d'avoir signé la convention provisoire du 31 mai malgré l'opposition du général, dont la responsabilité n'était pas engagée à l'égal de la mienne, et dont le concours ne m'était pas imposé.

Je ne reproduirai pas toutes les raisons péremptoires que j'ai mises en avant dans mon mémoire pour expliquer et justifier les articles de ma convention du 31 mai. Cet arrangement était devenu, à mes yeux, une nécessité en présence de la menace du général Oudinot de commencer les hostilités avant d'avoir reçu de Paris les directions que nous avions sollicitées.

Je me serais d'ailleurs fait fort, une fois sorti du moment de crise dans lequel nous nous trouvions, d'obtenir, s'il y avait lieu, les modifications que le gouvernement aurait pu juger à propos d'indiquer comme conditions de sa ratification.

Je ne terminerai pas sans exprimer ma surprise de voir dans le rapport du Conseil d'État la phrase suivante : « L'agent qui signe un traité avec la prévision que la ratification sera refusée commet une faute; il reconnaît implicitement à l'avance que ses instructions ou la politique de son gouvernement ne l'y autorisent point. » Rien dans mes actes n'autorisait M. le rapporteur à supposer de ma part la prévision que la ratification serait nécessairement refusée. J'agissais sous l'impulsion de ma conscience avec la conviction fondée ou non, que j'avais bien agi ; en signant la convention du 31 mai je savais d'avance qu'elle ne pourrait valoir que par la ratification de mon gouvernement : cette condition était de rigueur et conforme aux principes comme aux usages de la diplomatie.

En pareil cas, un agent n'engage que lui, et s'il a commis une erreur il laisse intacte la responsabilité de son gouvernement. Mais le Conseil d'État tient à la doctrine de l'infaillibilité ; après l'avoir établie pour les ministres donnant leurs instructions, il la proclame ici pour les diplomates, auxquels il ne permet pas de supposer que leurs actes pourront ne pas être ratifiés.

On a pu remarquer, par tout ce qui précède, que le Conseil d'État ne s'est nullement pénétré des circonstances qui avaient motivé mon envoi en Italie, de celles où je me suis trouvé dans le cours de ma mission ; de ma correspondance avec M. le ministre des affaires étrangères ; des informations que je lui fournissais et qui lui permettaient de dessiner sa politique ; de l'absence de toute réponse, de tout ordre ou instruction depuis mon arrivée en Italie jusqu'au 1er juin, date de mon départ de Civita-Vecchia et enfin du changement de politique se produisant spontanément à Paris, le 29 mai, au moment où l'Assemblée législative succédait à l'Assemblée constituante.

Le Conseil d'État n'en a pas moins donné son avis, l'opinion publique appréciera ma défense ; en attendant, la logique inexorable des faits commence à faire justice de la logique des commentaires. Les événements qui se déroulent à Rome vont bientôt peut-être décider en dernier ressort, si la politique du 29 mai a été profitable à nos intérêts et à la dignité de la France, et s'il n'y a pas urgence à rentrer dans la politique *qui devait ramener notre expédition à son véritable but*, et que j'avais cherché à faire prévaloir.

Paris, 25 août 1849.

FERDINAND DE LESSEPS.

PARIS : AMYOT, RUE DE LA PAIX.

Le Catalogue général se distribue chez tous les libraires.

LES DIPLOMATES
ET HOMMES D'ÉTAT EUROPÉENS
PAR M. CAPEFIGUE.

Tome Ier, contenant les Notices suivantes :

1° Le prince de Metternich; 2° le comte Pozzo di Borgo ; 3° le prince de Talleyrand; 4° le duc Pasquier; 5° le duc de Wellington ; 6° le duc de Richelieu ; 7° le prince de Hardenberg ; 8° le comte de Nesselrode; 9° lord Castelreagh.

2e édition, revue et considérablement augmentée. 1 vol. in-8. 7 fr. 50 c.

Tome II, contenant les notices suivantes :

1° Sir Robert Peel; 2° le comte Molé; 3° le comte Capo d'Istrias; 4° le comte Rayneval; 5° le secrétaire d'État Conzalvi; 6° M. Guizot; 7° M. de Gentz et M. Ancillon; 8° le comte de Laferronays; 9° le prince de Lieven; 10° le duc de Gallo; 11° le duc de Broglie; 12° M. Martinez de la Rosa. 1 vol. in-8. 7 fr. 50 c.

Tome III, contenant les Notices suivantes :

1° Lord Palmerston; 2° M. Casimir Périer; 3° MM. Guillaume et Alexandre de Humboldt; 4° le duc Decazes; 5° le cardinal Pacca ; 6° M. de Villèle; 7° les comtes Kollowrath, d'Appony, Fiquelmont et Bellinghausen; 8° M. de Barante; 9° le comte de Toreno; 10° les comtes Czernitscheff, Benkendorff, Orloff. 1 vol. in-8. 7 fr. 50 c.

Tome IV, contenant :

1° Le marquis de Normanby; 2° le duc de Mortemart; 3° le baron de Thugut et le comte de Stadion; 4° M. de Martignac; 5° le roi Léopold; 6° le duc de Bassano; 7° le comte d'Aberdeen; 8° le maréchal comte Sébastiani; 9° les comtes Loevenhielm; 10° le comte de Sainte-Aulaire; 11° le marquis de Palmella; 12° le roi Frédéric-Guillaume IV; 13° le pape Pie IX. 1 vol in-8. 7 fr. 50 c.

C'est une maxime en diplomatie que *les affaires dépendent des hommes plus que les hommes ne dépendent des affaires*, et que *s'il faut étudier la politique, puisqu'elle gouverne le monde, il faut encore plus étudier à fond le monde, puisque ce sera toujours lui qui influera sur la politique.*

C'est évidemment à cette pensée pratique, toujours présente à l'esprit des négociateurs, que s'est inspiré M. Capefigue en composant les notices que nous venons d'énumérer. Le but, en effet, qu'il s'est proposé, a été de tracer *les portraits*, de faire connaître *la vie et le caractère* des hommes illustres qui ont figuré en première ligne dans toutes les grandes transactions politiques depuis un demi-siècle et de ceux qui tiennent encore aujourd'hui le timon des affaires : c'est, on le voit, remettre en quelque sorte aux mains des lecteurs *la clef des cabinets de l'Europe.*

Aussi, n'est-ce pas au hasard qu'il a désigné les noms historiques des diplomates et des hommes d'État que l'on trouve réunis dans cette collection; il a choisi, au contraire, les hommes de haute capacité dans chacune des grandes cours, afin d'en suivre l'histoire; et comme tous représentent une idée, un système, une politique, il s'est formé tout naturellement, de cet ensemble de portraits, d'idées, de détails biographiques et de systèmes de cabinets, un véritable *cours de droit public en action.*

On reconnait sans peine, à ce simple exposé, qu'il est peu d'ouvrages plus attachants, et en même temps plus utiles et plus riches en leçons de la vie publique. Quelle étude, en effet, plus digne de captiver les esprits, que celle de ces existences si remplies, de ces vastes intelligences, seules forces vives, qui, pendant trente ans, ont préservé l'Europe de l'anarchie et de la guerre !

Du reste, l'auteur, en écrivant son livre, s'est parfaitement souvenu du mot de *Charles-Quint* sur ces deux biographes, dont *l'un disait trop de bien, l'autre trop de mal de lui*; M. Capefigue a su peindre sans haine et sans flatterie; et, avec les qualités qui font le sage et l'habile écrivain, il n'a été ni *Sleidan* ni *Paul Jove*, il a tâché d'être juste.

DE L'IMPRIMERIE DE CRAPELET, RUE DE VAUGIRARD, 9.

www.ingramcontent.com/pod-product-compliance
Lightning Source LLC
LaVergne TN
LVHW020246230826
846091LV00006B/2261

* 9 7 8 2 0 1 2 3 9 5 2 2 0 *